ELMA VAN VLIET

Booklover,

vertel eens...

HarperCollins

Voor jou,

OM TE VULLEN MET VERHALEN

Datum: ....

Naam: ....

Dit boek is opgedragen aan alle booklovers van Nederland en België

omdat ik geloof dat we, verhaal voor verhaal,
de wereld een beetje mooier maken

Lieve booklover,

Dankzij de *Vertel eens*-boeken heb ik de afgelopen jaren prachtige verhalen gehoord. Niet alleen familieverhalen, maar ook verhalen over dromen, wensen en de kracht die woorden hebben.

Boeken brengen inspiratie, ontroeren, laten ons lachen en brengen wijsheid. Ze nemen je even mee naar een andere wereld. Ik geloof dat het lezen en delen van verhalen de wereld een stukje mooier maakt. Verhaal voor verhaal.

Daarom is dit boekje met liefde gemaakt, speciaal voor jou. Ik wens je heel veel plezier bij het schrijven ervan en hoop dat je met een glimlach terugdenkt aan al die mooie boeken die je al gelezen hebt en de verhalen die nog op je wachten.

Veel liefs,
Elma van Vliet

Voorlezen brengt verhalen en mensen samen

Lazen jouw ouders je vroeger weleens voor?

Gingen jullie weleens naar de bibliotheek?

Wat is het allereerste boek dat je ooit kocht of kreeg?

Heb je je boeken van vroeger bewaard?

Las je vroeger graag? Wanneer las je het liefst?

Welke boeken vond je leuk?

Aan wie zou jij graag een boek willen voorlezen?

Waarom juist aan die persoon?

Welke boeken die je op school las vond je geweldig?

Wat was jouw favoriete kinderboek vroeger?

Waarom was dat?

Op welke boekpersonages wilde jij vroeger lijken?

Van welke verhalen wilde jij vroeger deel uitmaken?

Hield je vroeger al van lezen? Of is je liefde van recentere datum?

Wat was het eerste boek dat je van je eigen geld kocht?

Weet je nog waarom je dat boek toen uitkoos?

You're not weird, you're a limited edition!

Welke boeken wakkerden jouw liefde voor lezen aan?

Welke boeken hebben jouw kijk op het leven veranderd?

Welke boeken hebben diepe indruk op je gemaakt? Waarom is dat?

Welke personages uit boeken zou je graag willen ontmoeten?

Welke boeken zou iedereen moeten lezen?

Wat vind je de mooiste boekhandels ter wereld?

Welke zou je graag willen bezoeken?

Lezen
is dromen
met je ogen
open

Welke schrijver(s) zou je graag willen ontmoeten?

Wat zou je vragen?

Wat zijn jouw favoriete plekken om boeken te lezen?

Heb je ooit meegedaan aan een boek- of leesclub?

Do not read the next sentence

You little rebel. I like you!

Welke klassiekers heb jij in je kast staan of gelezen?

Wat zijn jouw tips om meer mensen aan het lezen te krijgen?

Welke verfilming van een boek vond je beter dan het boek zelf?

Heb jij weleens hardop gelachen of moeten huilen door een boek?

Wat is jouw meest geliefde boek? Waarom is dat?

Wat is jouw favoriete boekengenre?

Heb je ook guilty pleasures als het over boeken gaat?

Welke auteur zou jouw biografie mogen schrijven?
Wordt het dan een autobiografie of kies je liever voor fictie?

Wat is het inspirerendste verhaal dat je ooit hebt gelezen?

Waarom raakte het je?

Wat zijn jouw favoriete
BookTok-/Bookstagram-accounts?

Van welke auteurs koop jij nieuwe boeken altijd direct?

Waarom is dat?

Ga jij graag naar boekevents?
Welke maakten het meeste indruk op je?

Eat. Sleep.
Read. Repeat.

Hoe ziet jouw boekenkast eruit?
Sorteer je op kleur, genre, of juist helemaal niet?

Welke boeken staan hoog op je wensenlijstje om te lezen?

Wat zijn jouw favoriete quotes over boeken?

Welke drie boeken zou je meenemen naar een onbewoond eiland?

Welke mensen om je heen lezen net zo graag als jij?

Welke boeken geef jij graag cadeau? Waarom is dat?

Iedereen heeft een verhaal te vertellen

Elma van Vliet is de bedenker van de *Vertel eens*-boeken, die mensen helpen bij het maken, delen en bewaren van herinneringen. Haar werk sluit aan bij het universele verlangen van mensen om te weten wie ze zijn en waar ze vandaan komen. We leven in een drukke wereld waarin onze aandacht bijna constant afgeleid is. Dat zorgt ervoor dat we steeds minder voelen wat écht belangrijk is: verbinding met jezelf en de mensen die je dierbaar zijn.
Elma gelooft dat we door het geven van oprechte aandacht en het delen van authentieke verhalen de wereld een stukje mooier kunnen maken. Haar visie wordt bevestigd door een langlopende studie aan Harvard, waaruit blijkt dat hechte relaties met mensen die belangrijk voor je zijn je gezonder en gelukkiger maken.
Al 20 jaar zet Elma zich in voor waardevolle verbindingen.
Haar boeken hebben hun weg gevonden naar de harten van meer dan 5 miljoen mensen in 22 landen.

So many books, so little time

Book review(s)

Book review(s)

Book review(s)

Vormgeving: Pinta Grafische Producties
Druk: GPS Group, Slovenia, met gebruik van 100% groene stroom

ISBN 978 94 027 1737 2
NUR 450
Eerste druk november 2024

www.harpercollins.nl

FSC
www.fsc.org
MIX
Papier | Ondersteunt verantwoord bosbeheer
FSC® C118234